La collection Youpi J'ai compris !

Conception graphique : Studio Bayard Éditions

18, rue Barbès, 92128 Montrouge Cedex
ISBN : 978-2-7470-8228-0
Dépôt légal : septembre 2017

Loi n°49-949 du 16 juillet 1949 sur les publications destinées à la jeunesse

Imprimé en Italie par Rotolito

Bertrand Fichou
Amélie Dufour • Aurélie Abolivier • Éric Gasté

Mes docs Youpi J'ai compris !

J'entre à la grande école !

bayard jeunesse

C'est la rentrée !

Après l'école maternelle, tu entres à la grande école. On l'appelle l'école élémentaire. C'est une nouvelle aventure qui commence ! Mais rassure-toi, tu n'es pas tout seul…

La cantine est souvent un self-service. Tu prends un plateau, tu poses dessus ton assiette, ton verre, tes couverts… c'est rigolo ! Et des adultes sont là pour t'aider à prendre tes repas.

L'école est plus grande, il y a plus de classes, plus de couloirs. Tu apprends vite à reconnaître tous les endroits et à trouver ton chemin.

À l'école élémentaire, **tu apprends à te débrouiller tout seul** pour te retrouver dans les couloirs, aller aux toilettes...
On dit que tu deviens **autonome**.
Mais au début, des adultes sont toujours là pour t'aider !

Tu te fais plein de nouveaux copains. Tu peux retrouver des amis qui étaient avec toi en maternelle, mais tu rencontres aussi des enfants que tu ne connais pas encore.

À la fin de la journée, tes parents ne viennent plus te chercher dans la classe.
Ils restent à l'extérieur de l'école.
La maîtresse t'emmène vers la sortie, à la grille ou au portail, et les parents t'attendent sur le trottoir.

Bienvenue à l'école !

Cette école a deux étages, elle est installée dans un bâtiment ancien. Mais aujourd'hui on construit plutôt des écoles sans étage...

La salle des professeurs
Une salle de classe
L'infirmerie
La cantine

À quoi ça sert, l'école ?

**Bienvenue à l'école !
Tu vas y apprendre plein de choses, et tu vas grandir
en te faisant plein de copines et de copains !**

À l'école, bien sûr, tu apprends à lire, à écrire et à compter, ça te servira tous les jours de ta vie...

Mais l'école, ça ne sert pas seulement à apprendre comment utiliser les lettres et les chiffres !

L'école, ça sert aussi à découvrir le monde.
À comprendre comment fonctionnent la Terre et la nature,
à apprendre d'où viennent les humains...

Tu observes comment les plantes poussent.

Tu comprends comment vivent les animaux.

Tu apprends où est l'Amérique.

Tu découvres qui étaient les Gaulois.

Et tellement d'autres choses encore !
Tu verras : plus tu sais de choses, plus la vie est passionnante !

À quoi ça sert, l'école ?

**À l'école, tu apprends à faire des choses.
Ça ne veut pas dire seulement fabriquer des objets,
ça veut dire aussi réfléchir, faire travailler sa tête...**

Tu apprends à raisonner.

Tu apprends à faire du sport.

Tu apprends à parler devant les autres.

Tu apprends à imaginer des histoires.

Tu apprends à construire des objets.

Tu apprends à chanter en groupe.

Tu apprends à dessiner et à peindre.

Tu apprends à te servir d'un ordinateur...

Plus tu es capable de faire des choses, plus tu pourras choisir de vivre comme tu le veux...

À quoi ça sert, l'école ?

À l'école, tu rencontres des adultes et des enfants différents. Tu apprends à leur parler, à les écouter, à les comprendre…

Tu as une maîtresse ou un maître.

Tu croises aussi les autres maîtres et maîtresses de ton école.

Tu parles avec le personnel de la cantine et aussi avec les animateurs.

Parfois, un adulte vient dans la classe pour aider un élève qui a du mal à apprendre.

Et puis il y a les copines et les copains !
Ça veut dire des filles et des garçons...

Tu peux avoir des copains dont la famille vient d'un autre pays.
Et chaque famille est différente !

Tous tes camarades de classe
n'ont pas le même caractère.
Parfois ça surprend !

Tu as des copains
qui adorent l'école, et d'autres
qui n'aiment pas l'école.

**C'est important de rencontrer des gens différents de toi,
parce que tu rencontreras des gens différents toute ta vie...**

La journée de la maîtresse

Aline est maîtresse dans une école élémentaire. Elle fait la classe à 27 élèves de CE1, et elle adore ça !

La maîtresse vient d'arriver à l'école. Après avoir salué ses collègues, Aline photocopie les fiches de français qu'elle a préparées chez elle hier soir.

Aïe ! La vieille photocopieuse tombe tout le temps en panne ! Aline essaye de la réparer, avec son collègue Marc.

Tout le monde en classe ! Aline a demandé à Chloé d'inscrire la date au tableau. Puis elle aide Kevin à faire le bulletin météo… en anglais. Eh oui, la maîtresse doit savoir tout faire, même parler anglais !

Aline interroge la classe sur les tables de multiplication : 4 fois 3 ? Les élèves écrivent la réponse sur leur ardoise. Aline voit ceux qui ont appris leur leçon, et ceux qu'elle va devoir encourager...

C'est la récréation ! Tous les élèves s'amusent dans la cour. Houla ! Hugo est tombé en jouant à chat, il s'est fait mal au genou. Aline l'emmène pour laver la blessure et mettre un pansement.

La journée de la maîtresse

Maintenant, c'est la leçon de grammaire. « Où est le sujet ? » demande Aline. Plusieurs doigts se lèvent. La maîtresse fait participer tous les élèves, même ceux qui ne lèvent pas la main !

À midi, les élèves sont partis déjeuner chez eux ou à la cantine, sauf Victor et Irina, qui vont y aller un peu plus tard. Leur famille vient d'arriver d'un autre pays, et ils ont du mal à lire le français. Aline reste pour les entraîner.

Victor et Irina sont partis à la cantine. Aline a rejoint ses collègues dans la salle des maîtres pour déjeuner. Elle a apporté un plat à réchauffer. Ils vont pouvoir discuter de la prochaine fête de l'école.

La sonnerie a retenti, retour en classe. Aline travaille avec ses élèves sur un super projet : ils vont écrire et illustrer un livre qui raconte l'histoire d'une souris qui danse et d'un chat…

La journée de la maîtresse

C'est la récréation de l'après-midi. Hugo pleure : « Latifa, elle m'a traité de tête de camembert ! »

La maîtresse a envie de rire, mais elle ne veut pas faire de peine à Hugo. Elle demande à Latifa de s'excuser.

Les parents arrivent ! Aline discute avec le papa d'Inès. Il est musicien, Aline lui demande s'il veut bien venir jouer de la guitare en classe et expliquer son métier… Il est d'accord !

Aline est de retour dans sa classe. Elle écrit dans le cahier-journal tout ce qu'elle a prévu de faire demain avec ses élèves, et le matériel dont elle aura besoin. Ça l'aide à ne rien oublier !

Aline est rentrée chez elle. Elle corrige les exercices de mathématiques que ses élèves ont faits hier.

En même temps, elle surveille ses enfants qui font leurs devoirs. C'est aussi l'école à la maison !

Aline prépare un atelier peinture, elle cherche sur Internet des informations sur Picasso, un peintre qui dessinait de drôles de têtes. Elle veut proposer à ses élèves de dessiner comme lui, ça va être rigolo. Et après, au dodo !

Après l'école

À la fin de la classe, beaucoup de parents viennent chercher leurs enfants. Mais pas tous ! Certains sont encore au travail. Alors des enfants restent un peu plus tard que les autres…

Les enfants qui ne rentrent pas chez eux tout de suite, commencent par manger un goûter et jouer dans la cour.

Puis certains enfants vont à l'étude surveillée. Dans une salle de classe, une maîtresse aide à faire les devoirs et apprendre les leçons.

Les autres enfants participent aux activités périscolaires avec des animateurs.
Lesquelles ? Ça dépend des écoles...

Et bien d'autres choses encore, jusqu'à ce que les parents puissent
les récupérer pour rentrer à la maison.

L'histoire de l'école

**Tu vas à l'école et cela te semble normal.
Mais l'école telle que tu la connais n'a pas toujours existé !
Comment c'était avant ?**

À l'époque de la préhistoire, il n'y avait pas encore d'école. Les parents apprenaient aux enfants tout ce qu'ils devaient savoir : trouver à manger, fabriquer des outils...

Il y a 5 000 ans, dans un pays qui s'appelait Sumer, des hommes ont inventé l'écriture.

Et, pour apprendre aux autres comment lire et écrire, ils ont aussi inventé l'école !

En Grèce, il y a 2 500 ans, seuls les garçons allaient à l'école. Ils apprenaient à lire, à écrire, à compter, et puis à chanter et à dire des poèmes. Ils faisaient beaucoup de sport… tout nus !

Pendant des siècles, les écoliers n'ont eu ni papier ni crayon. Ils écrivaient avec des pointes en corne sur des tablettes de cire.

L'histoire de l'école

Au Moyen Âge, l'empereur Charlemagne a demandé aux moines d'ouvrir des écoles : il avait besoin de garçons instruits pour s'occuper de son empire.

Il y a 300 ans, dans les villages pauvres, un maître faisait la classe dans sa maison à des enfants de tous les âges.

Pendant ce temps, les enfants des familles riches apprenaient à lire chez eux, avec un maître payé par leurs parents.

En France, il y a 150 ans, on a enfin construit de vraies écoles pour tous les enfants, les filles et les garçons. Mais ils étaient séparés.

Aujourd'hui, en Europe, filles et garçons vont dans les mêmes écoles. C'est une grande chance de pouvoir étudier. Vive l'école !

Les écoles du monde

La plupart des enfants du monde vont à l'école. Mais toutes les écoles ne se ressemblent pas…

Minh Thu habite au **Vietnam**, dans un village au bord de la mer. Son école flotte sur l'eau, comme un bateau ! Et, quand il y a des vagues, elle bouge.

Jamel est **marocain**. Ses parents sont bergers. L'école de Jamel se trouve sous une tente. Sa cour de récréation est la plus grande du monde : c'est un désert entier !

Kate vit dans une ferme en **Australie**. L'école la plus proche est à cent kilomètres ! Alors Kate suit les leçons à la radio, et elle discute avec ses copains sur Internet.

Fatima vit au **Mali**, en Afrique. Les murs et les tables de son école sont en terre séchée. Et les sièges, ce sont des grosses pierres.

Paulo vit au **Brésil**. Son village est à 600 kilomètres de la ville où habite le maître d'école. Alors sa classe, c'est une cabane avec un écran : Paulo écoute les leçons de son maître qui est filmé.

Dylan est **français**. Sa famille habite dans une caravane et voyage de ville en ville. Le maître les rejoint à leur campement avec son camion, et il leur fait la classe à l'intérieur !

Fais ton cartable

Tu veux que les adultes te considèrent comme un grand ?
Tu n'aimes pas chercher les choses pendant des heures ?
Voici quelques conseils pour préparer ton cartable tout seul...

Prépare ton cartable le soir.
Si tu le fais le matin, tu risques d'être pressé et d'oublier des choses ! Cahier de leçon, cahier de poésie, cahier de liaison, trousse, tout doit être prêt quand tu vas te coucher.

Installe un pense-bête dans ta chambre.
S'il y a des choses importantes à faire ou à mettre dans ton cartable pour le lendemain, écris-le sur une feuille pour ne pas oublier.

Vérifie régulièrement si ton matériel est en bon état.
Est-ce que tes crayons sont taillés ? Est-ce que l'angle droit de ton équerre n'est pas un peu cassé ? Si c'est le cas, parles-en à tes parents.

Pense à tailler tes crayons à la maison.
Si tu dois le faire en classe, tu perds du temps et ça risque d'énerver la maîtresse !

Nettoie régulièrement ta trousse.
C'est fou le bazar qui peut se glisser dans une trousse ! Retire tout ce qui ne t'est pas vraiment utile en classe.

N'emporte que le nécessaire.
Ne mets dans ton cartable que ce dont tu auras besoin. Inutile de te charger : après, il faut porter !

Attention à ton dos !
Avec tes parents, choisis un cartable bien à ta taille. S'il est trop grand ou si tu ne peux pas régler les bretelles assez court, ton cartable va se balancer sur ton dos et tu risques de te faire mal.

Porte ton cartable avec deux bretelles. Évite le sac en bandoulière : il abîme le dos. Le mieux, c'est un cartable à roulettes.

Vivre ensemble !

**À l'école, on apprend à vivre ensemble.
Pour vivre et travailler à plusieurs, il faut respecter des règles.
Elles permettent à chacun d'être bien avec les autres...**

Dans la classe, on ne parle pas tous en même temps. Et tu écoutes tes camarades pour savoir ce qu'ils pensent.

On dit ce qu'on pense calmement, même si on n'est pas d'accord avec les autres.

Les grands apprennent à aider les petits. Et les petits apprennent à se défendre !

Nos ancêtres préhistoriques ont progressivement appris à vivre en groupe.

Ils ont trouvé ensemble des façons de vivre mieux, par exemple en se parlant.

Toi aussi, tu vis en groupe, dans ta famille ou… à l'école. Chaque jour tu apprends à vivre

avec les autres en jouant, en faisant du sport, en échangeant des idées. Mais ce n'est pas toujours facile !

Bonne question !

Tu te poses plein de questions sur l'école ? C'est normal. Même les adultes s'en sont posé quand ils avaient ton âge…

Et si la maîtresse est malade ?

Elle sera remplacée par une maîtresse remplaçante, le temps qu'elle guérisse. Si on n'a pas pu trouver de remplaçante, tes copains et toi passerez la journée dans les autres classes, avec les autres maîtres de l'école.

Et si je ne me fais pas de copain ?

Ne t'inquiète pas, tu te feras vite des copines et des copains. Et si tu es tout seul au début, regarde bien : un autre enfant est sûrement seul comme toi dans un coin de la cour. Il doit être encore plus timide que toi… Va le voir !

Et si j'ai peur d'aller à l'école ?

Tu sais, c'est normal d'avoir un peu peur face à des choses qu'on ne connaît pas. Et il existe un bon moyen pour ne plus avoir peur : c'est d'aider ceux qui ont encore plus peur que toi !

Et si je perds mes cahiers ou mes crayons ?

Il n'y a pas de raison pour que tu les perdes, mais, si ça arrive, tu les retrouveras vite ! Surtout si tu as bien marqué ton nom dessus, comme ça tout le monde sait que ce sont tes affaires.

Et si je me perds dans l'école ?

Même si au début tu as du mal à t'y retrouver avec toutes ces salles et ces couloirs, il y a toujours un adulte quelque part pour t'indiquer ton chemin. De toute façon, si tu as le moindre problème, la moindre question, parles-en à un adulte.

Et si personne ne vient me chercher ?

Ça peut arriver qu'un papa ou une maman soit en retard ! Mais il y a toujours un adulte qui surveille la sortie de l'école et qui vérifie qu'aucun écolier ne reste tout seul. Si c'est le cas, il téléphone aux parents et il les attend avec l'enfant.

Quiz !

Alors vite, amuse-toi à répondre à ces questions...

Quand tu as terminé un exercice, tu dis :

« Cahier, j'ai fini ! »

ou

« Ça y est, j'ai fini ! ».

Ça y est, j'ai fini !

VRAI ou FAUX ?

L'écriture a été inventée par **les habitants de Sumer** ou par **les habitants de Super** ?

Les habitants de Sumer.

VRAI ou FAUX ?

Tu dois préparer ton cartable le matin, juste avant de partir à l'école, vite, vite !

Faux ! Au contraire, prépare-le le soir, en prenant le temps de ne rien oublier...

VRAI ou FAUX ?

À l'école, on apprend **à lire** ou on apprend **à rire** ?

Mais tu n'as pas besoin d'apprendre à rire, tu sais déjà très bien le faire !

La maîtresse donne
des leçons de grammaire
ou
des leçons de grand-mère ?

Des leçons de grammaire.

VRAI ou FAUX ?

Charlemagne a inventé l'école.

C'est faux : elle existait bien avant lui !